LA CAÍDA DE CONSTANTINOPLA

El fin del Imperio bizantino

Por Romain Parmentier
En colaboración con Gauthier Godart
Traducido por Laura Bernal Martín

Historia en50MINUTOS.es

LA CAÍDA DE CONSTANTINOPLA　　1

Datos clave

Introducción

CONTEXTO POLÍTICO Y SOCIAL　　3

Bizancio, un imperio agónico

Mejor el turbante que la mitra

La ascensión al poder del Imperio otomano

Constantinopla, el sueño de Mehmed II

ACTORES PRINCIPALES　　11

Constantino XI Paleólogo, emperador bizantino

Mehmed II, sultán del Imperio otomano

ANÁLISIS DE LA BATALLA　　15

Los preparativos

La esperanza en el corazón de los bombardeos

La proeza del Cuerno de Oro

La embestida final

REPERCUSIONES DE LA BATALLA　　28

Una ciudad que nunca volverá a ser la misma

El fin del Imperio bizantino y el inicio de la edad de oro otomana

¿El fin de la Edad Media?

EN RESUMEN　　34

PARA IR MÁS ALLÁ　　37

LA CAÍDA DE CONSTANTINOPLA

DATOS CLAVE

- **¿Cuándo?** Del 6 de abril al 29 de mayo de 1453
- **¿Dónde?** En Constantinopla, la capital del Imperio bizantino (actual Estambul)
- **¿Contexto?** La expansión otomana (s. XIV-XVII)
- **¿Beligerantes?** El Imperio bizantino contra el Imperio otomano
- **¿Actores principales?**
  - Constantino XI, emperador bizantino (1403-1453)
  - Mehmed II, sultán del Imperio otomano (1432-1481)
- **¿Resultado?** Victoria otomana
- **¿Víctimas?**
  - Bando bizantino: alrededor de 4000 víctimas y 50 000 prisioneros
  - Bando otomano: cifra desconocida, aunque las pérdidas son importantes

INTRODUCCIÓN

La caída de Constantinopla, que supuso un gran punto de inflexión en la historia europea, firma el fin del Imperio romano de Oriente (comúnmente conocido como Imperio bizantino) a favor del Imperio otomano. Según muchos historiadores, este hecho precipita el fin de la Edad Media y marca la entrada de Europa Occidental en la Edad Moderna.

La lucha por Constantinopla comienza el 6 de abril de 1453. El ataque es ordenado por el sultán otomano Mehmed II, que desea acabar con la presencia bizantina en el Bósforo. Se trata de un gran desafío: tomar Constantinopla no solo permite asegurarse el control de la puerta comercial que une Oriente con Occidente, sino también poner fin al último bastión cristiano en Oriente. Los otomanos son conscientes del reto y enseguida inician el asedio de la ciudad. El objetivo es apoderarse de ella debilitándola progresivamente con una serie de ataques ofensivos, así como mediante un bloqueo destinado a aislarla y a privarla de toda ayuda exterior.

El Imperio bizantino, en declive, intenta resistir el ataque. Tras las imponentes murallas de Constantinopla, el emperador Constantino XI logra mantener a raya a los otomanos durante más de 50 días. Sin embargo, frente a los ataques sucesivos, la ciudad acaba por caer el 29 de mayo de 1453, hecho que determina el destino de dos imperios, marcando el crepúsculo del Imperio bizantino y el alba del Imperio otomano.

CONTEXTO POLÍTICO Y SOCIAL

BIZANCIO, UN IMPERIO AGÓNICO

La caída de Constantinopla es un acontecimiento que marca la historia del siglo XV y, sin embargo, no es más que el acto final de un declive del Imperio bizantino que se inició hace siglos. Desde su ascenso al poder hasta la caída del Imperio romano en el 476 d. C. transcurrieron casi mil años, durante los que el imperio se mantiene a pesar de las pretensiones de algunos (como los árabes, serbios, búlgaros, vénetos, genoveses y turcos) sobre sus territorios.

> ### ¿SABÍAS QUE...?
>
> Para algunos historiadores, el nacimiento del Imperio bizantino data del 395 d. C., cuando el emperador Teodosio I (347-395) decide dividir el Imperio romano entre sus dos hijos. Aunque en el pasado ya habían tenido lugar varias divisiones, esta es definitiva. Sin embargo, la división es más que nada administrativa, por lo que los habitantes de ambos imperios no notan diferencias reales respecto a la situación precedente. Por ejemplo, están sometidos a la misma legislación. Habría que esperar hasta el 476 d. C. para ver al Imperio bizantino ser dueño de su propio destino.

El declive del Imperio bizantino comienza en 1204, cuando la República de Venecia, por motivos de competencia comercial, desvía hacia Constantinopla la Cuarta Cruzada (1201-

1204), cuyo objetivo inicial era reconquistar Tierra Santa y Jerusalén, por entonces en manos de los árabes. Este hecho, que encuentra su origen en la disputa religiosa que enfrenta a la Iglesia de Oriente con la de Occidente desde el Cisma de 1504, tendrá consecuencias devastadoras. La capital bizantina será efectivamente asediada y conquistada por los cruzados, que la saquean, marcando así el fin del Imperio bizantino, que se divide entonces en cuatro partes:

- el Imperio latino de Constantinopla (1204-1261), que comprende Tracia, el noroeste de Asia Menor, Lesbos, Samos y Quíos, y que se encuentra en manos de los Occidentales;
- el Despotado de Epiro (1204-1318), situado en los Balcanes y que se extiende por Albania y Grecia;
- el Imperio de Nicea (1204-1261), situado a orillas del mar de Mármara y del mar Negro y cuyo emperador es Teodoro I Láscaris (c. 1174-1222);
- el Imperio de Trebisonda (1204-1461), situado en la región del Ponto, en el litoral del mar Negro, que constituye uno de los últimos refugios de los griegos antes de caer a su vez en manos de los otomanos en 1461.

No obstante, en 1261, Michael VIII Paleólogo (1224-1282), coemperador de Nicea y más tarde emperador bizantino, logra reconquistar Constantinopla y restaura el Imperio bizantino. Pero los daños infligidos por las cruzadas serán irreversibles, lo que consagra la ruptura definitiva entre las dos Iglesias.

El Cisma de 1054, también conocido como Cisma de Oriente o Gran Cisma, supone la ruptura entre la Iglesia bizantina (liturgia ortodoxa) y la Iglesia romana (liturgia católica). Las divergencias entre ambas, basadas en la doctrina, en la práctica litúrgica y en cuestiones de orden teológico, no son nuevas y han aumentado progresivamente a lo largo de los siglos. Con todo, hay que prestarle especial atención a la fecha de 1504, que coincide con la excomunión recíproca de Miguel I Cerulario (1000-1059), patriarca de Constantinopla, y del papa León IX (1002-1054). Este acontecimiento perjudica a los bizantinos, que a partir de entonces solo pueden esperar el apoyo de Occidente a cambio de su sumisión al papa.

MEJOR EL TURBANTE QUE LA MITRA

En el siglo XIV, el Imperio bizantino, ya debilitado por una desastrosa situación económica, es minado por incesantes luchas por la sucesión. De aquí en adelante, el Imperio ya solamente se limita a Europa. Al mismo tiempo emerge una nueva potencia: los otomanos. Estos últimos acaparan progresivamente el resto de territorios bizantinos, de forma que a principios del siglo XV, lo único que queda del Imperio es Constantinopla y Morea (Peloponeso). Humillado, se ve obligado a pagar un tributo al invasor para garantizar su supervivencia, lo que reduce a los emperadores bizantinos a vasallos del Imperio otomano. Por su parte, la ciudad de

Constantinopla pierde su esplendor y se ve progresivamente despoblada.

Frente a la amenaza otomana, varios emperadores intentan obtener la ayuda de Occidente. Pero las cuestiones religiosas ocupan siempre el centro de las negociaciones y Roma exige, como requisito previo para cualquier ayuda, que la Iglesia de Oriente se una a la de Occidente. Esta prerrogativa es el corazón de los concilios de Ferrara y después de Florencia, que intentan, en vano, realizar la unificación de ambas Iglesias en 1438 y 1439. Los últimos emperadores de Bizancio se encuentran entre la espada y la pared, por lo que se ven obligados a aceptar este acuerdo, provocando así el creciente descontento de una población marcada por las atrocidades cometidas por las cruzadas en 1204. Así, ven los acuerdos de unificación como una absoluta traición. En este contexto de tensión, el megaduque Lucas Notaras, gran almirante de la flota bizantina (fallecido en 1453), pronuncia la célebre frase: «Prefiero el turbante de los turcos a la mitra de los latinos»[1] (Macgillivray 2008, 399).

En 1444, el mundo cristiano emprende una última cruzada con el objetivo de frenar a los otomanos, pero se salda con una derrota en la batalla de Varna.

---

1. Cita traducida por 50Minutos.es

cristianos, liderados por Juan Hunyadi (militar y hombre político de Transilvania, 1387-1456), por el rey Vladislao I de Hungría (1423-1444) y por el príncipe Vlad Dracul de Valaquia (1397-1447, padre del conde que inspirará la novela *Drácula*, de Bram Stoker).

Frente a la amenaza cada vez más acuciante que los otomanos ejercen sobre Constantinopla y los Balcanes, el papa Eugenio IV (1383-1447) ordena que se prepare una nueva cruzada contra los musulmanes.

Los cruzados se ponen en marcha en julio de 1444 y planean alcanzar el puerto de Varna para embarcar en navíos hacia Constantinopla. Pero la flota cristiana se retrasa, lo que le permite al sultán Murad II enviar su ejército a Varna. El 10 de noviembre, los dos ejércitos se enfrentan y dan comienzo al combate. Aunque al principio parece que las cruzadas cuentan con ventaja, el joven rey Vladislao I se lanza en una ofensiva mal calculada que le cuesta la vida y genera confusión en el ejército occidental. Las consecuencias son fatales: el monarca húngaro es asesinado, Juan Hunyadi se da a la fuga y el ejército cristiano es prácticamente aniquilado. La batalla termina con la victoria del sultán otomano, que pone fin a la cruzada y que priva a Constantinopla de refuerzos, lo que resultará determinante unos años más tarde, durante la toma de la capital bizantina.

LA ASCENSIÓN AL PODER DEL IMPERIO OTOMANO

Mientras que el Imperio bizantino existe desde hace siglos, el Imperio otomano no ve la luz hasta 1299. El poder de su fundador, Osmán I Gazi (c. 1258-1326) y de sus sucesores no ha cesado de aumentar, y tampoco la extensión de su territorio. En 1354, los otomanos se adueñan de tierras situadas en Europa, como la ciudad de Galípoli. Desde ese momento deja de ser posible frenar su avance, que continúa en los Balcanes, principalmente con la conquista de Adrianópolis por parte del tercer sultán otomano, Murad I (1326-1389), en 1362.

Así pues, solo tienen que recorrer 200 kilómetros más para llegar a Constantinopla, que aún se encuentra en manos de un Imperio bizantino ya agonizante. No obstante, habrá que esperar decenios para ver caer la ciudad. El motivo no es una eventual debilidad de los otomanos. Estos últimos, de hecho, se han enfrentado a múltiples amenazas que les impiden conquistar Constantinopla: los serbios y los cristianos en Occidente, los mongoles en Oriente y las luchas por la sucesión entre los sultanes retrasan incesablemente la conquista de la capital bizantina. A título de ejemplo podemos citar la empresa llevada a cabo por el sultán Murad II cuando estaba realizando el asedio de Constantinopla en 1422, momento en que es llamado de urgencia debido a una rebelión en Anatolia, hecho que le obliga a poner fin bruscamente al asedio. No obstante, la situación cambia con la llegada al poder de Mehmed II.

CONSTANTINOPLA, EL SUEÑO DE MEHMED II

Cuando Mehmed II asciende al trono del Imperio otomano en 1451, solo tiene un objetivo en mente: tomar Constantinopla y acabar con el Imperio bizantino. De hecho, el sultán calcula todo lo que tal conquista pone en juego. Lograrlo le permitiría:

- unir la parte europea y asiática del Imperio otomano;
- crear un puente hacia los Balcanes y otras conquistas;
- controlar el estrecho del Bósforo, capital desde un punto de vista comercial y militar;
- obtener un reconocimiento internacional;
- destruir el Imperio bizantino y poner fin a la autoridad cristiana en Oriente.

Mehmed II desea maximizar sus posibilidades para evitar un fracaso comparable con el de 1422. Así, prepara cuidadosamente su plan de ataque durante los dos años precedentes a su victoria.

El sultán comienza por renovar los tratados de paz con sus vasallos cristianos y musulmanes, deseando así bloquear cualquier amenaza externa. A continuación, priva a Constantinopla de cualquier posibilidad de ayuda al separarla de sus posibles auxiliadores. Para ello, Mehmed II firma un tratado con la República de Venecia en septiembre de 1451 y en noviembre cierra una paz de tres años con Juan Hunyadi, representante del reino de Hungría.

Asimismo, el sultán inicia a partir de 1452 maniobras de distracción militares en Morea, por entonces en manos de los hermanos de Constantino XI, para evitar que le presten ayuda a la capital cuando comience el asedio.

Ahora, lo único que le falta a Mehmed II es aislar por completo Constantinopla instaurando un bloqueo de la ciudad sobre el Bósforo. Para ello, el sultán manda construir el castillo de Rumeli Hisari en el norte del estrecho, frente a otra fortaleza otomana construida por uno de sus predecesores, Bayaceto I (c. 1360-1403). A partir de ahora y gracias a estas dos fortalezas, controla el norte del estrecho e impide que los navíos que llegan del mar Negro puedan abastecer Constantinopla. En noviembre de 1452, la artillería de las fortalezas hace naufragar unos navíos venecianos cargados de trigo que intentaban romper el bloqueo. Ahora todo está listo para el trigésimo y último asedio de la historia de Constantinopla.

ACTORES PRINCIPALES

CONSTANTINO XI PALEÓLOGO, EMPERADOR BIZANTINO

Constantino XI Paleólogo, también llamado Dragases (1403-1453), es el último emperador romano de Oriente, testigo de la caída de Constantinopla. Constantino XI, hijo menor del emperador Manuel II (1348-1425), no está destinado a ocupar el trono de Bizancio. Por ello, cuando Manuel II se encuentra agotado por años de conflictos, nombra en 1421 coemperador a su hijo mayor, Juan VIII (1390-1448). Será con tal estatus que este último emprenderá un primer viaje a Occidente en 1423-1424 para buscar ayuda frente a una amenaza otomana cada vez más imperante. El joven Constantino XI Paleólogo, encargado de garantizar la regencia del Imperio durante la ausencia de su hermano, se convierte así en déspota (título más elevado en la titulatura imperial).

En 1425, tras el fallecimiento de Manuel II, Juan VIII se convierte en el único emperador reinante. Le atribuye el gobierno de Morea, la última provincia estable del Imperio, a tres de sus hermanos (Constantino XI, Teodoro y Tomás). Constantino XI Paleólogo se convierte así en déspota de Morea en Vostitsa de 1427 a 1437, antes de volver a ser regente del Imperio de 1437 a 1440, durante un nuevo viaje de su hermano a Occidente, cuyo objetivo es poner fin a las disputas religiosas y favorecer la preparación de una nueva cruzada contra los otomanos. Cuando el emperador regresa, Constantino XI prosigue con su papel de déspota en Morea. Pero en 1443, cuando este último le ofrece la ciudad de

Selimbria a su hermano Teodoro a cambio de Mistrá (ciudad de Morea), la situación cambia. Aunque continúa dirigiendo la provincia junto a su hermano Tomás, ahora dispone de la parte más rica y vasta de Morea.

El destino de Constantino XI da un vuelco en 1448, cuando fallece su hermano Juan VIII. Como este no tenía heredero, le corresponde el trono de Constantinopla. El 6 de enero de 1449 es coronado *basileus* (título bizantino que designa al emperador). Pero el honor del cargo está acompañado de numerosas responsabilidades, entre ellas la de enfrentarse a los otomanos. No obstante, la situación es desesperada: con el paso del tiempo, el enemigo ha logrado rodear lo que quedaba del Imperio. Como consecuencia, Constantino XI se ve forzado a reclamar a su vez el apoyo de las potencias Occidentales. Su obtención tiene un precio: en 1452, se ve obligado a proclamar la unión y la sumisión de la Iglesia de Oriente al papado romano, hecho que provoca el gran descontento de la población de Constantinopla. Con todo, esta última concesión del Imperio bizantino será en balde: no llegará ninguna ayuda de Roma en 1453.

Mientras tanto, el sultán Mehmed II ha decidido acabar con el Imperio bizantino. La capital bizantina es asediada en abril de 1453. A pesar de los pocos efectivos de los que dispone, Constantino XI organiza la defensa de la ciudad y cierra con una larga cadena el Cuerno de Oro (el puerto natural de Constantinopla). Asimismo, lidera a 3000 hombres para defender el muro terrestre de la ciudad a la altura de la puerta de San Román. A continuación transcurren 55 días de resistencia. Antes del asalto final del 29 de mayo de

1453, Mehmed II le propone a Constantino XI la soberanía de Morea a cambio de la capitulación de la ciudad, pero el emperador lo rechaza y responde que prefiere sacrificar su vida antes que rendirse. Esta decisión determina su destino y el de Constantinopla: el ataque turco es irreprimible. No obstante, Constantino XI, seguido de algunos fieles, se lanza al combate armado con una espada y muere heroicamente, poniendo fin a un largo linaje de emperadores romanos. Nunca se encontrará su cuerpo.

MEHMED II, SULTÁN DEL IMPERIO OTOMANO

Mehmed II es el séptimo sultán del Imperio otomano y el instigador del asedio de Constantinopla de 1453. Hijo del sultán Murad II, accede por primera vez al trono otomano en 1444, con solo 12 años. Hoy en día, los motivos que llevaron a que su padre abdicara en su favor siguen siendo un misterio. Sin embargo, la juventud del nuevo sultán resulta ser un grave inconveniente: la creciente influencia de sus preceptores sobre el gobierno del Imperio acaba por suscitar la oposición no solo de grandes notables, siendo el más célebre de entre ellos Halil Pasha (gran visir del Imperio otomano de 1439 a 1453), sino también del ejército. Entonces, Murad II vuelve a ser llamado al trono en 1446, poniendo fin al primer reinado de Mehmed II.

Esta vez, en 1451, es la muerte de su padre la que le llama al trono. Los cinco años que separan sus dos reinados le han permitido al joven sultán perfeccionar su educación e iniciarse en las cuestiones militares y de Estado. Ahora, Mehmed II está preparado y solo tiene un objetivo: tomar definitivamente Constantinopla y lograr lo que su padre no había conseguido en 1422. Sin embargo, el joven sultán no se lanza con los ojos cerrados a un asedio mal preparado, más bien al contrario. Durante dos años, aísla progresivamente Constantinopla para evitar la entrada cualquier ayuda cuando llegue el momento. En abril de 1453 emprende el asedio de la capital bizantina, de la que se apodera a finales de mayo. A partir de ese momento, Constantinopla se convierte en la capital del Imperio otomano y Mehmed II es apodado *el-Fātiḥ*, es decir, «el Conquistador».

Las conquistas de Mehmed II no acaban ahí. Respaldado por su victoria, el sultán inicia maniobras para anexionarse definitivamente Serbia. A partir de 1454, emprende la conquista de este territorio, que continúa hasta el asedio de Belgrado en 1456. La empresa se salda con una derrota. Los otomanos tienen que esperar tres años para, por fin, adueñarse completamente de Serbia. A continuación, Mehmed II se pone manos a la obra para tomar los últimos vestigios del Imperio bizantino sometiendo en 1461 el Despotado de Morea y el Imperio de Trebisonda. Dos años más tarde le toca someterse a Bosnia, seguida de Albania en 1467. A partir de entonces, los Balcanes están en manos del Imperio otomano. Así mismo, y de manera progresiva, el sultán conquista los emporios genoveses y venecianos situados a orillas del Mediterráneo occidental y el mar Negro, y avasalla Crimea.

Hasta el final de su vida, Mehmed II lleva a cabo campañas de conquista, aumentando así el poder y la extensión de su Imperio. Según algunas fuentes, muere envenenado en el año 1481, cuando cuenta con 49 años.

ANÁLISIS DE LA BATALLA

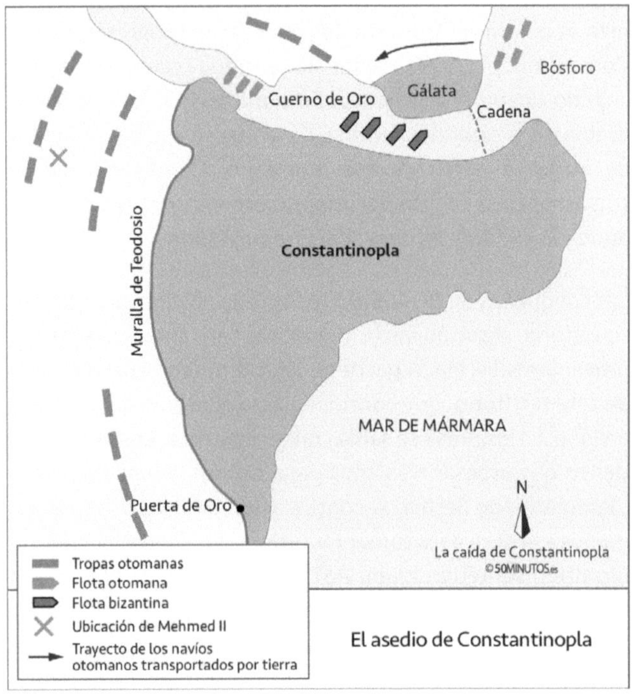

LOS PREPARATIVOS

Para lograr su objetivo, Mehmed II prepara ya desde hace
varios meses el aislamiento de Constantinopla. Ahora es el
momento de reunir a su ejército. Es el momento de movilizar
a todos los contingentes de los que dispone, así como los de
sus vasallos. En total, se reúnen alrededor de 80 000 solda-

dos bajo la bandera del sultán, entre ellos 10 000 jenízaros, la infantería de élite de Mehmed II. Este dispone también de más de 100 navíos, la mayor flota jamás reunida por los otomanos. Sin embargo, será la artillería la que marcará la diferencia durante el asedio: de hecho, es la primera vez que se utiliza en un número tan elevado. Así, se disponen frente a la muralla catorce baterías, formadas cada una de ellas por cuatro grandes cañones. La pieza maestra de este dispositivo es el cañón de Orbón (nombre del ingeniero húngaro que la concibió, fallecido en 1453), famoso por su imponente tamaño (ocho metros de largo) y por su capacidad de disparar proyectiles de 600 kilogramos —una verdadera proeza técnica para la época. Hacen falta al menos 200 soldados y 60 bueyes para transportarlo hasta Constantinopla, y su objetivo es destruir las antiguas murallas de la ciudad.

La situación de Constantinopla parece más que desesperada ante este colosal ejército. La ciudad, abandonada por los países occidentales, ya solo puede confiar en sus débiles efectivos y en algunos contingentes auxiliares extranjeros. En sus escritos, Jorge Frantzés (1401-1478), consejero de Constantino XI e historiador, afirma que hay 4973 hombres listos para el combate, incluyendo a los religiosos y a los monjes. A esto se le añaden de 2000 a 3000 soldados extranjeros llegados principalmente de Venecia y de Génova, cuyo contingente más conocido es el del capitán genovés Giovanni Giustiniani Longo (c. 1418-1453), que cuenta con 700 hombres. En total son entre 7000 y 8000 los hombres que se disponen a defender Constantinopla, estando la mayoría encargados de defender el muro terrestre contra el que se dirigirían los ataques. En cuanto a la defensa naval, la ciudad también se encuentra desamparada porque solo cuenta con 26 navíos de guerra para defender el Cuerno de Oro. Por último, el armamento también es insuficiente: los soldados combaten con armas blancas y la artillería de la ciudad está, por así decirlo, obsoleta.

Giovanni Giustiniani Longo es un genovés nacido en una de las familias más importantes de Génova, y pariente de los Doria, una familia ilustrada de la ciudad. En 1453, decide socorrer Constantinopla. Como la República de Génova se niega a participar en el combate, financia él solo la expedición y se dirige a la capital bizantina con un refuerzo de 700 soldados bien armados. Es acogido en calidad de héroe por Constantino XI que, para darle las gracias, le ofrece la isla de Lemnos. Se le asigna la defensa del muro terrestre de la ciudad. Se entrega a su misión en cuerpo y alma, inspeccionando inmediatamente los muros y haciendo que los refuercen cuando es necesario. Durante el asedio, destaca por su coraje y su energía. Es un líder excepcional, que frena todos los ataques otomanos hasta el día del asalto final, en el que cae gravemente herido. Sus compañeros de armas deciden entonces evacuarle de la ciudad por vía marítima. Llega a Quíos y fallece dos días más tarde.

Sin embargo, a pesar de la debilidad de sus recursos, los dos dispositivos defensivos de los que dispone Constantinopla no son despreciables. Para comprender su importancia es necesario que recordemos que, geográficamente, la ciudad forma un triángulo sobre el Bósforo: al norte se encuentra el Cuerno de Oro, al sur el mar de Mármara y, al oeste, la muralla. Los dispositivos con los que cuenta son:

- la cadena que cierra el puerto del Cuerno de Oro y que une la torre de Eugenio (situada sobre los muros de la ciudad) con los muros de la fortaleza de Gálata, que se encuentra en la otra orilla. La cadena, que descansa sobre flotadores de madera y que está defendida por nueve navíos de guerra, impide así la entrada de navíos en el Cuerno de Oro. Por lo tanto, no se puede abrir ningún frente por este lado, lo que permite que los defensores de la ciudad puedan disponer las tropas en otras zonas de la misma;
- la muralla de Teodosio II (emperador de Oriente, 401-450) está formada por tres líneas de defensa. Se extiende a lo largo de siete kilómetros y protege la parte terrestre de la ciudad. Para alcanzarla, los atacantes tienen que franquear, en primer lugar, una fosa de 18 metros de largo y de seis a nueve metros de profundidad, seguida de un talud. Después llegan al muro exterior, protegido por torres de diez metros de alto dispuestas cada 50 o 100 metros. Finalmente, aún tienen que atravesar el muro interior (de 12 metros de altura) que posee 96 torres de 18 metros de alto. Así, este dispositivo es de vital impor-tancia para los habitantes de Constantinopla, que no se olvidarán de reforzarlo antes de la batalla.

Asimismo, los bizantinos están perfectamente al corriente de los proyectos de Mehmed II. En febrero de 1453, el ejército del sultán ya se ha apoderado de los campos que rodean Constantinopla y de las afueras de la ciudad. Las tropas se sitúan ante la misma el 2 de abril y se enfrentan a los muros. Tres días más tarde, el sultán se une a ellas. Todo el ejército otomano está en sus posiciones. Por su parte, el emperador Constantino XI distribuye las tropas de defensa: la lucha por Constantinopla puede comenzar.

LA ESPERANZA EN EL CORAZÓN DE LOS BOMBARDEOS

El 6 de abril de 1453, Mehmed II inicia las hostilidades y ordena el bombardeo de la muralla de Constantinopla. Este bombardeo sistemático será el pan de cada día durante todo el asedio. El cañón de Orbón revela toda su potencia y, aunque solo puede disparar siete veces al día, sus balas dañan gravemente las murallas de Constantinopla. Se forman brechas en la muralla y se pulverizan torres. Pasados varios días, este monstruo de artillería hace caer una parte entera del muro gracias que cañones más modestos acuden para reforzarlo. No obstante, el cañón de Orbón acaba explotando y se lleva por delante la vida de su creador. Mientras tanto, el sultán ordena a sus soldados llenar la fosa que les separa del muro exterior para preparar lo mejor posible los ataques de la infantería. En el mar también tiene lugar un encarnizado combate: la flota otomana intenta romper la cadena del Cuerno de Oro.

Para los habitantes de Constantinopla, el incesante ruido de los cañones se vuelve enseguida un suplicio. A esto se le añade el ruido de los tambores y platillos, cuyo objetivo es evitar que los defensores puedan descansar. Una verdadera guerra psicológica tiene lugar en Constantinopla. Sin embargo, los defensores aún no han perdido la esperanza e incluso logran algunos éxitos:

- la flota otomana fracasa constantemente en sus intentos por atravesar la cadena del Cuerno de Oro;
- las brechas que la artillería otomana hace en la muralla son arregladas por la noche;
- se vuelven a cavar las fosas de forma que, cada mañana, los soldados del sultán se ven obligados a empezar de nuevo su labor.

El 18 de abril, Mehmed II considera que las brechas son lo suficientemente grandes como para lanzar un ataque, por lo que intenta un primer asalto con su infantería. Sin embargo, los bizantinos lo frenan. Desde lo alto de la muralla, utilizan contra los otomanos el fuego griego, un arma incendiaria cuyo secreto solo ellos conocían. Por su parte, Giovanni Giustiniani Longo defiende brillantemente las puertas de la ciudad. Esta pequeña victoria permite que los bizantinos recuperen la confianza. Este sentimiento de esperanza se ve reforzado el 20 de abril, cuando tres navíos genoveses y una importante embarcación imperial aparecen en las aguas de Constantinopla con soldados, víveres y munición a bordo. Mehmed II ordena inmediatamente su destrucción, en vano: cuando cae la noche, los cuatro navíos, que se encuentran solos ante la flota otomana, logran entrar en el Cuerno de Oro cuando la cadena se baja excepcionalmente para la ocasión. El sultán, furioso por este nuevo fracaso, destituye a su almirante.

LA PROEZA DEL CUERNO DE ORO

Mehmed II, humillado, solo tiene una obsesión: penetrar en el Cuerno de Oro. Sin embargo, la cadena se mantiene inquebrantable. En este contexto tiene lugar la operación más improbable de la batalla. En efecto, el sultán decide transportar por vía terrestre una parte de su flota, rodeando por tierra la fortaleza de Gálata antes de deslizarla de nuevo al agua en el Cuerno de Oro y sorprender a la flota bizantina. Así, en la noche del 22 al 23 de abril de 1453, se saca del agua a 70 navíos de tamaño modesto y se izan en inmensos carros tirados por bueyes a lo largo de una distancia de 1,3 kilómetros. Esta inmensa maniobra precisa de miles de hombres, pero es todo un éxito: a la mañana siguiente, los habitantes de Constantinopla ven horrorizados cómo la flota otomana desciende tranquilamente por el canal del Cuerno de Oro.

Gracias a esta hazaña, Mehmed II abre un nuevo frente en la ciudad y obliga a los defensores, ya muy inferiores en número, a distribuirse a lo largo de un espacio más vasto. La artillería otomana embiste enseguida contra las murallas para abrir nuevas brechas. A pesar de todo, el 28 de abril los bizantinos intentan destruir la flota que ha entrado en el Cuerno de Oro, sobre todo mediante el envío de barcos incendiarios contra ella. Pero los otomanos logran hacerlos zozobrar: la operación bizantina se salda con un fracaso. Aunque Mehmed II ha abierto un segundo frente, la situación en que se encuentran sus navíos en el Cuerno de Oro no es nada favorable. Estos últimos, de hecho, están atrapados en el puerto debido a la cadena, que se mantiene en su sitio durante todo el asedio a pesar de los múltiples intentos de destruirla. Así, las pérdidas humanas en mar son muy elevadas. Durante este tiempo, el bombardeo de las murallas continúa, mientras que los asediados comienzan a debilitarse y sus reservas a agotarse.

La batalla causa estragos tanto en la tierra como en el mar, pero también se libra a nivel subterráneo. Mehmed II ordena a algunos soldados excavar túneles que les permitan así acercarse a varios puntos de los muros de defensa y colocar explosivos para derribarlos. La operación es peligrosa y el riesgo de derrumbe es importante, pero lo único que cuenta es la victoria a cualquier precio. Los bizantinos se enteran de los planes de los otomanos y se esfuerzan hasta el 25 de mayo por construir otros túneles con el objetivo de destruir los cavados por sus adversarios: la operación de Mehmed II vuelve a saldarse con un fracaso. El 18 de mayo, el sultán intenta un nuevo ataque y espera escalar la muralla con la ayuda de una enorme torre de madera sobre ruedas, pero la incendian antes de que llegue al muro.

A ambos lados de la muralla, la moral de las tropas se ve progresivamente minada: las reservas de los bizantinos están prácticamente agotadas, los refuerzos esperados de Venecia no llegan, cada vez les cuesta más arreglar las brechas, y algunos acontecimientos, como un eclipse de Luna, son percibidos como malos presagios. Los otomanos también están extenuados por el asedio, que parece no acabar nunca, y por sus sucesivos fracasos. Ante esta situación, Mehmed II le ofrece a Constantino XI la posibilidad de una capitulación, pero el emperador bizantino prefiere morir antes que ceder Constantinopla. Por lo tanto, es el momento de poner punto final a la batalla.

LA EMBESTIDA FINAL

Tras un consejo de guerra, Mehmed II ordena intensificar el bombardeo de los muros durante todo el día 27 de mayo. Cuando se desmorona una parte del muro interior, la esperanza de los otomanos renace: ahora tienen los medios necesarios para tomar Constantinopla. Al día siguiente, el sultán le otorga a sus soldados un día de descanso en vista del ataque final. Los bizantinos, por su parte, se dan cuenta de que el fin de la batalla se acerca. Se sacan los iconos y las reliquias de las iglesias y se hace un recorrido a lo largo de las murallas con ellas. Los habitantes se reúnen en la basílica de Santa Sofía, dejando a un lado excepcionalmente las disputas religiosas, para compartir una última misa juntos. Después de pedir la absolución de sus pecados, el emperador Constantino XI se acerca a las murallas para animar por última vez a sus tropas.

El asalto a Constantinopla, pintura de Tintoretto, 1580.

El ataque final comienza el 29 de mayo de 1453 a alrededor de las 1:30 horas de la mañana. Una primera ola de soldados otomanos embiste contra la muralla terrestre de Constantinopla, apoyada por la artillería y el ruido de los tambores. El ataque se centra principalmente en una brecha del muro defendida con ahínco por los hombres de Giovanni Giustiniani Longo. Las tropas otomanas son frenadas durante horas, pero son inmediatamente reemplazadas por otras nuevas. De hecho, el sultán desea no dar tregua a los bizantinos hasta que estén al límite de sus fuerzas. A continuación envía a los jenízaros, sus tropas de élite.

El encarnizado combate continúa al alba, pero Giovanni Giustiniani Longo, que quedará como el mayor defensor de Constantinopla, resulta herido y es evacuado del campo de batalla. Su marcha debilita en gran medida a la resistencia, y la desesperanza se adueña de los bizantinos. Los jenízaros aprovechan para dar el golpe de gracia: comienzan a escalar los muros y acaban llegando a una torre, en cuyo punto más alto colocan el estandarte otomano. Animados por el espectáculo, los soldados se abalanzan sobre los muros y consiguen derribar a la resistencia bizantina y entrar en la ciudad por una brecha situada cerca de la puerta de Adrianópolis.

Constantino XI, que defiende la puerta San Román, participa en un último ataque junto a algunos fieles: es la última vez que se ve al emperador.

La caída de Constantinopla, ilustración de "Hutchinson's History of Nations", 1915.

Los otomanos son cada vez más numerosos en la ciudad, y abren todas las puertas: a partir de ahora, la ciudad es suya y está a merced de los saqueos. Los últimos defensores de la ciudad, desesperados, vuelven a sus casas para proteger a sus familias. Además, se ha roto la cadena del Cuerno de

Oro, lo que permite que la flota otomana tome el puerto a mediodía. En cuanto a los venecianos y a los genoveses, su única opción es abandonar la ciudad.

Aunque las pérdidas humanas durante el asedio son elevadas, no se ha podido establecer una cifra exacta; solo parecen seguras las cifras que afirman que hubo 4000 víctimas bizantinas y 50 000 prisioneros.

Después de 55 días de asedio, Constantinopla acaba por rendirse y cae en manos del sultán Mehmed II. Sin embargo, son muchos los autores que saludan el coraje de la guarnición bizantina, que aguantó mucho tiempo ante la abrumadora superioridad numérica de los otomanos.

REPERCUSIONES DE LA BATALLA

UNA CIUDAD QUE NUNCA VOLVERÁ A SER LA MISMA

En cuanto la victoria otomana está garantizada, los solda-dos y los jenízaros del sultán asolan la ciudad y se dedican a saquear y a masacrar a los bizantinos que se cruzan en su camino. El patrimonio de la ciudad sufre también uno de sus peores golpes: se profanan y destrozan los iconos religiosos y se saquean las riquezas de la basílica de Santa Sofía, en la que se ha refugiado una parte de la población. La llegada del sultán a Constantinopla pone fin a la masacre. Para sellar su victoria, Mehmed II va a la basílica, el corazón espiritual de la ciudad, y le concede clemencia a los habitantes que han sobrevivido. A continuación convierten el edificio en una mezquita, poniendo así fin a siglos de cristiandad en Constantinopla. A pesar de la concesión de libertad de culto en 1453, hoy en día los cristianos representan apenas a un 2% de la población de la ciudad.

Fotografía del interior de la basílica de Santa Sofía de 1909.

Con el paso de los años, el rostro de Constantinopla se transforma progresivamente. En primer lugar, Mehmed II comienza a repoblar la ciudad abandonada y la convierte en la capital de su nuevo imperio. Se construyen minaretes en las antiguas iglesias, y se erigen nuevas mezquitas en la ciudad. También se construyen muchas estructuras típicas de la civilización musulmana, como los baños o las madrasas (escuelas musulmanas). De la antigua capital bizantina solo subsisten los muros y la basílica de Santa Sofía. Finalmente, la ciudad adopta el nombre de Estambul, antes de iniciar un nuevo y venturoso período bajo el yugo del poder de los emperadores otomanos.

EL FIN DEL IMPERIO BIZANTINO Y EL INICIO DE LA EDAD DE ORO OTOMANA

Tras el saqueo de Constantinopla por parte de las cruzadas de 1204, el Imperio bizantino ve cómo su poder se debilita progresivamente. La toma de la ciudad en 1453 marca el final del declive y el desmembramiento definitivo del Imperio a favor de los otomanos. Así, se suprimen las diferentes instituciones bizantinas y la gestión de la población, del territorio y del Estado siguen a partir de ahora el modelo otomano. Aunque Mehmed II concede la libertad de culto, la herencia ortodoxa se traslada paralelamente a Moscú, que se convierte así para la Iglesia ortodoxa rusa en «la tercera Roma».

De la civilización bizantina solo quedan vestigios: el Despotado de Morea y el Imperio independiente de Trebisonda. No obstante, ninguna de las dos entidades sobrevive demasiado tiempo, ya que Mehmed II no puede tolerar que existan estos refugios de la nación helénica, susceptibles de crear una nueva cruzada contra su Imperio. En 1453, el Despotado de Morea está administrado por Tomás y por Demetrio, los dos últimos hermanos de Constantino XI. Estos, en vez de unirse para mantener la autonomía de su provincia, no dejan de enfrentarse para aumentar su poder. En 1458, Mehmet II se entera de que ambos se confabulan con el papa Pío II para arrastrar a los países occidentales a una nueva cruzada. Esta noticia hace que el sultán se decida, e invade un tercio del Despotado de Morea antes de tomarlo por completo en 1460. Un año más tarde, le toca su vez al Imperio de Trebisonda, poniendo así fin a la presencia bizantina en Oriente.

No obstante, la caída de Constantinopla no solo consagra la muerte de un imperio, sino el nacimiento de otro. Si bien es cierto que el Imperio otomano existe desde 1299, la toma de Constantinopla le garantiza un estatus de nueva gran potencia y marca el inicio de su época dorada y de una importante expansión territorial tanto en Europa como en África y en Asia. Esta expansión se inicia con la toma de control progresiva de los Balcanes por parte de Mehmed II, un control que aumenta cada vez más tras la caída de Constantinopla. Así, el futuro del Imperio está garantizado. Este se extenderá hasta las puertas de Viena y no desaparecerá hasta 1923 con la proclamación oficial de la República Turca.

Por todo ello, la caída de Constantinopla colma las expectativas de Mehmed II:

- la toma de la ciudad le permite unir las partes europea y asiática del Imperio, lo que garantiza una mejor comunicación entre las mismas;
- todo el estrecho del Bósforo está a partir de entonces bajo su dominio, lo que le permite controlar el comercio de la zona sin dejar de ser un lugar estratégico desde el punto de vista militar;
- entonces, puede alardear de ser heredero de los emperadores romanos y otorgarle a su Imperio un estatus de nueva potencia con la que los occidentales tendrán que transigir;
- finalmente, la toma de Constantinopla y, más adelante, de los últimos bastiones de la civilización bizantina, pone fin a las cruzadas y es una demostración de la estabilidad

del Imperio otomano.

¿EL FIN DE LA EDAD MEDIA?

El año 1453, al igual que el año 1492 (año del descubrimiento de América por parte de Cristóbal Colón) se señala a menudo como una fecha clave en la que Europa pasa de la Edad Media a la Edad Moderna. Aunque la caída de Constantinopla es uno de los acontecimientos más importantes de la historia europea, sería erróneo creer que la Edad Media se acabó de repente con la muerte del último emperador bizantino. De hecho, este paso de una época a otra es mucho más complejo y se inscribe en un largo proceso, que se inició mucho antes de la toma de Constantinopla y que continuó durante mucho tiempo después.

Con todo, la caída de Constantinopla contribuye innegablemente a una importante transformación de la mentalidad que materializamos bajo el nombre de Renacimiento. A lo largo de toda su existencia, el Imperio bizantino alberga numerosos centros intelectuales, siendo Mistra, en Morea, uno de los más importantes. Una consecuencia del derrumbe del Imperio es la fuga de numerosos sabios y eruditos hacia Europa Occidental, sobre todo hacia Italia. Se llevan con ellos sus saberes, pero también una parte del patrimonio greco-romano del que Bizancio era heredero. La llegada de estos intelectuales permitirá a los europeos redescubrir los textos griegos, principal fuente de inspiración del Renacimiento italiano.

Al mismo tiempo, la caída de Constantinopla tiene un impacto directo sobre las relaciones comerciales entre

Occidente y Oriente. Las mercancías (seda, especias, incienso, etc.) procedentes de Oriente, muy codiciadas en Europa, pasan en parte por Constantinopla. Sin embargo, la caída de la capital bizantina y la expansión otomana conllevan un aumento de los impuestos sobre las mercancías, lo que ralentiza el comercio. Entonces, los europeos se lanzan a la conquista de nuevas rutas comerciales, lo que les llevará a los grandes descubrimientos. Como la ruta de China está cerrada desde la toma de Acre por parte de los musulmanes en 1291, las potencias europeas no cesarán de buscar un nuevo camino para llegar a China y a la India: bordeando el continente africano, como lo harán los portugueses, o cruzando el Atlántico, como España y Francia.

Aunque este expansionismo marítimo ya se está fraguando antes de la caída de Constantinopla, y sobre todo gracias a las expediciones del príncipe portugués Enrique el Navegante (1394-1460), no despegará del todo hasta la toma de la capital bizantina, que refuerza de forma determinante esa necesidad de encontrar nuevas rutas marítimas y que transforma profundamente las relaciones entre las diferentes partes del mundo.

EN RESUMEN

1444
10 nov.: batalla de Varna

1451
Llegada de Mehmed II a la cabeza
del Imperio otomano

1452
Bloqueo de Constantinopla

1453
2 abr.: las tropas otomanas se enfrentan
a los muros de la ciudad
6 abr.: inicio de los combates
22-23 abr.: hazaña del Cuerno de Oro
23 may.: oferta de capitulación rechazada
29 may.: caída de Constantinopla

- En el siglo XV, el Imperio bizantino, en declive desde hace varios siglos, se limita a su capital y a Morea. Constantino XI se convierte en emperador en 1449, y es el último baluarte del Imperio ante la expansión otomana.

- El sultán otomano Mehmed II accede al poder en 1451 con un solo objetivo: tomar Constantinopla. Para aislar por completo la ciudad, cierra tratados con Venecia y, más tarde, con Hungría.

- El 6 de abril de 1453, el sultán da inicio a las hostilidades al ordenar bombardear las murallas de Constantinopla.

- Tras los primeros fracasos militares, la noche del 22 al 23 de abril el ejército otomano traslada por vía terrestre una parte de su flota para introducirse en el Cuerno de Oro, que se encuentra cerrado por una cadena, y tomar así por sorpresa a las tropas bizantinas. Este ataque permite abrir un nuevo frente; el bombardeo de la artillería otomana se intensifica.

- El 23 de mayo, Mehmed II le ofrece a Constantino XI una capitulación digna, pero este se niega a abandonar Constantinopla. Cuatro días más tarde, tras un día de bombardeos intensivos, una parte del muro defensivo interior de la ciudad se desmorona.
- El 29 de mayo, los otomanos lanzan el ataque final hacia las 1:30 horas de la mañana, aunando la artillería y olas sucesivas de ataques de infantería, pero ambas son frenadas sucesivamente.
- Al alba, Giovanni Giustiniani Longo resulta herido y es evacuado del campo de batalla, lo que debilita enormemente la defensa bizantina. Por su parte, Constantino XI muere empuñando las armas.
- Finalmente, a lo largo de la mañana, los otomanos logran entrar en Constantinopla por una brecha cercana a la puerta de Adrianópolis.
- Hacia mediodía, la cadena que cierra el Cuerno de Oro se rompe y la flota otomana toma el puerto de Constantinopla.
- Por la noche, Mehmed II entra en la ciudad y pone fin a los abusos cometidos por sus tropas. Cuando entra en la basílica de Santa Sofía concede clemencia a los supervivientes.
- Con el paso del tiempo, Constantinopla sufre una metamorfosis al adoptar las costumbres otomanas. De la capital bizantina ya solo quedan los muros y la basílica.

¡Tu opinión nos interesa!
¡Deja un comentario en la página web de tu librería en línea,
y comparte tus favoritos en las redes sociales!

PARA IR MÁS ALLÁ

FUENTES BIBLIOGRÁFICAS

- Babinger, Franz. 1954. *Mahomet II le Conquérant et son temps. 1432-1481. La grande peur du monde au tournant de l'histoire*. París: Payot.
- Bréhier, Louis. 2006. *Vie et mort de Byzance*. París: Albin Michel, colección *Bibliothèque de l'évolution de l'humanité*.
- Colectivo. 2007. "L'avancée des Turcs dans l'Europe des XVe et XVe siècles". *Histoire universelle. Le Bas Moyen Âge et la Renaissance*, tomo 11. París: Hachette.
- Donald MacGillivray, Nicol. 2008. *Les derniers siècles de Byzance. 1261-1453*. París: Tallandier, colección *Texto*.
- Laïou, Angeliki y Morrisson, Célile. 2011. *Le monde byzantin. III. L'Empire grec et ses voisins. XIIIe-XVe siècle*. París: Presses Universitaires de France, colección *Nouvelle Clio*.
- Malherbe, Jacques. 2001. *Constantin XI. Dernier empereur des Romains*. Lovaina la Nueva: Academia-Bruylant.
- McCarthy, Justin. 1997. *The Ottoman Turks. An introductory history to 1923*. Londres: Longman.
- Schlumberger, Gustave. 1914. *Le Siège, la Prise et le Sac de Constantinople par les Turcs en 1453*. París: Plon-Nourrit, colección *Bibliothèque historique de Plon*.

FUENTES COMPLEMENTARIAS

- Chavardès, Maurice y Marilène Chavardès. 1963. *La chute de Constantinople*. París: Robert Laffont, colección Ce

jour-là.
- Heers, Jacques. 2005. *Chute et mort de Constantinople. 1204-1453*. París: Perrin, colección *Pour l'histoire*.
- Runciman, Steven y Hélène Pignot. 2007. *La chute de Constantinople. 1453*. París: Tallandier, colección *Texto*.

ICONOGRAFÍA

- *El asalto a Constantinopla*, pintura de Jacopo Robusti, llamado El Tintoretto (pintor italiano, 1518-1594), s. XVI, conservado en el Palacio Ducal de Venecia. La imagen reproducida está libre de derechos.
- *La caída de Constantinopla*, ilustración de "Hutchinson's History of Nations", 1915. La imagen reproducida está libre de derechos.
- Fotografía del interior de la basílica de Santa Sofía de 1909. La imagen reproducida está libre de derechos.

PELÍCULA Y DOCUMENTAL

- *Fetih 1453*. Dirigida por Faruk Aksoy, con Devrim Evin e Ibrahim Celikkol. Turquía: Aksoy Film, 2013.
- *La ascensión del Imperio otomano*, documental de Melissa Akdogan, Nick Gillan-Smith, John Fothergill y Jack MacInnes, en la serie documental *Oriente y Occidente*. Estados Unidos, 2012.

NOVELA

- Ricardou, Jean. 1965. *La Prise de Constantinople*. París: les éditions de Minuit.

MUSEOS Y EDIFICIOS CONMEMORATIVOS

- La fortaleza de Rumeli Hisarı, Estambul.
- El museo histórico Panorama 1453, Estambul.
- Las murallas de Teodosio II, Estambul.
- La torre de Gálata, Estambul.

¡APRENDER NUNCA ANTES FUE TAN RÁPIDO!

www.en50minutos.es

www.en50Minutos.es

ISBN ebook : 9782806277718

ISBN papel : 9782806281463

Depósito legal : D/2016/12603/202

Libro realizado por <u>Primento</u>, el socio digital de los editores